L'ABBÉ GUILLAUME

ET

L'ÉGLISE SAINT-BÉNIGNE

DE DIJON

(1875)

DEUXIÈME ÉDITION

TIRÉE A 100 EXEMPLAIRES

seulement.

L'ABBÉ GUILLAUME

ET

L'ÉGLISE SAINT-BÉNIGNE

DE DIJON

(1875)

DIJON

IMPRIMERIE J. MARCHAND

rue Bassano, 12

L'ABBÉ GUILLAUME

ET

L'ÉGLISE SAINT-BÉNIGNE

Les Dijonnais ont, dans le parcours de leur belle cité, deux noms de rues rappelant deux mémorables époques : celle où les princes de la famille de Condé et le grand Condé lui-même ont été les gouverneurs bienfaisants et aimés de toute la province, alors qu'il y avait une véritable Bourgogne, aujourd'hui centralisée et sous le joug d'une vaste métropole qui, attirant tout à elle, paralyse les forces vives de cette province renommée.

L'autre époque est celle du vénérable abbé Guillaume, célèbre personnalité, trop oubliée peut-être parmi nous, et qui a droit pourtant au triple hommage : du clergé qu'il a doté de monuments magnifiques ; du peuple dont il a été le bienfaiteur ; de tous les amis des lettres et des arts enfin, si ces derniers veulent bien se souvenir qu'il a fondé des écoles dont l'heureuse influence a été assez salutaire à ce pays pour le faire sortir, avant tout autre, des ténèbres encore épaisses dans toute la France au Xe siècle ; s'ils veulent bien se souvenir encore qu'il a doté notre province d'un ordre d'architecture et de monuments dont l'art merveilleux commençait alors à se révéler en Italie seulement, et qui, implanté chez nous par lui-même, a, dans l'archéologie sacrée, classé notre art monumental sous le titre d'honneur d'architecture monastique bourguignonne. Le sentiment de cet art prodigieux venait de Dieu, dont l'esprit animait alors les premiers architectes des sanctuaires catholiques; et c'est la froideur ou l'émancipation de la foi qui a produit, au sein du protestantisme, la nudité de ses temples et la sécheresse de cœur de ses adhérents. Pour que cette secte soit devenue persécutrice, il faut que le catholicisme se soit lui-même bien attiédi.

L'abbé Guillaume est né en 962, près de Novare, en Italie. Il avait pour père le comte Robert de Volpian, et pour mère la noble Périnza, fille d'un prince Lombard, et sœur d'Ardoin V, marquis d'Ivrée.

Comme l'aimable Tescelin (1), né 129 ans plus tard et issu également d'une très-noble famille (2), où il respira le continuel parfum des vertus chrétiennes; de même, le jeune Guillaume fut une merveille de grâces et de piété sous la tendre et pieuse direction de sa mère. Elle eut, dit-on, comme plus tard Alèthe, une vision qui ne lui laissa plus rêver pour son fils que la gloire du sacerdoce. Ses parents le consacrèrent à Dieu dès l'âge de sept ans, et le conduisirent au monastère de Locédia, au diocèse de Verceil, monastère dédié à Notre-Dame et à saint Michel, sous la règle de saint Benoît; leur intention était qu'il y passât sa jeunesse et y demeurât toujours, si Dieu développait en lui la vocation religieuse. C'était un enfant d'une angélique beauté, rehaussée encore par le candide vêtement des lévites qu'il prit aussitôt. On lui fit fréquenter de bonne heure les célèbres écoles de Verceil et de Pavie, où il se perfectionna non seulement dans la grammaire, la philosophie, la théolo-

(1) Qui fut depuis saint Bernard.
(2) Les comtes de Châtillon.

gie et la science de l'Ecriture-Sainte, mais encore dans la musique sacrée et dans tous les arts qui s'épanouissaient déjà radieux sous le soleil d'Italie, avant d'éclairer le doux pays de France.

Le jeune Guillaume s'attacha au cloître et il y fut de bonne heure investi des charges les plus importantes. Il s'était déjà consacré entièrement à Dieu lorsqu'il perdit sa mère. Nous ne croyons pas qu'on puisse trouver nulle part une lettre de consolation plus noble et de sentiments plus tendres et plus élevés que celle qu'il écrivit alors à son père, le comte Robert de Volpian. Elle nous a été transmise par Raoul Glaber, qui fut disciple du vénérable abbé. Cette lettre est d'un latin facile qu'on peut appeler langage de renaissance, langage des clercs, et qui s'épurait, grâce à eux, de la langue barbare dont l'avaient enveloppé les siècles qui suivirent celui de Grégoire de Tours. Nous reviendrons plus tard sur ce sujet, quand nous analyserons les formes latines de saint Bernard. Cette lettre (1) du jeune moine Guillaume est si remarquable qu'elle se trouve dans plusieurs recueils importants et notamment chez Mabillon. Elle sera rapportée *in extenso* dans une biographie complète du vénérable Guillaume, en voie de publication, et dont nous aimons à trahir le secret, parce que nous avons nous-même provoqué et encouragé ce travail. Il sera dû à la plume zélée et consciencieuse d'un jeune ecclésiastique de ce diocèse, M. l'abbé Gustave Chevallier, de Châtillon-sur-Seine. Il a déjà consacré plusieurs années à cette œuvre, sous les vénérés auspices de Mgr de Dijon, et sous ceux non moins recommandables de Mgr *Luigi Moreno*, évêque d'Ivrée, qui a bien

---

(1) Nous ne pouvons nous défendre d'en citer cet éloquent passage : *Non te decipiant, pater mi, amor carnalis, dolor et luctus, quoniam hæc omnia fidem tuam non augent, sed minuunt.*

Lætandum est in ejus morte, dum ipsa cum gaudio mortem suscepit, et cum risu in cœlum volavit quo nos exoptat et pro nobis precatur.

voulu lui confier les documents inédits les plus précieux, dont la mise en œuvre, nous l'espérons, ne laissera rien à désirer.

En 987, l'abbé de Cluny, saint Mayeul, revenant de Rome, s'était arrêté au monastère de Locédia et avait pressenti toute la valeur du jeune moine Guillaume, alors âgé de vingt-cinq ans et se trouvant en lutte avec l'autorité séculière pour un serment de vassalité auquel sa conscience répugnait. Dans ces conditions, l'abbé Mayeul n'eut pas beaucoup de peine à le décider à le suivre à Cluny, où il lui confia la direction des études déjà en grand crédit dans cette célèbre abbaye; il lui confia aussi la réforme du monastère de Saint-Saturnin.

La fin du Xe siècle se signalait par un profond et général déclin des mœurs monastiques. A l'abbaye de Saint-Bénigne, par exemple, la discipline était totalement abandonnée; l'abbé Manassès entretenait jusqu'au scandale la tiédeur des moines, et les choses en arrivèrent au point qu'il se fit honteusement exclure de son siège abbatial par l'évêque Brunon, fils du comte de Rheims, petit-fils du duc de Lorraine et l'un des plus illustres prélats du diocèse de Langres. Les historiens ecclésiastiques lui ont conféré bien équitablement le titre de *præsul eximius* (Mabillon). Sa patience ayant été mise à bout, il s'adressa à l'abbé Mayeul en le suppliant de choisir, en sa faveur, parmi ses moines, un réformateur habile. Malgré le grand sacrifice qu'il allait faire, l'abbé de Cluny n'hésita point, dans des vues de charité et pour une réforme de cette importance, à envoyer Guillaume avec douze autres moines pour opérer cette réforme. Un si heureux choix porta tous ses fruits.

A son arrivée à Dijon, en 990, le moine clunisien Guillaume avait vingt-huit ans. La même année, le prélat, charmé de plus en plus du rare mérite du sujet dont Cluny venait de l'enrichir, lui conféra la dignité du sacerdoce, et, peu après, celle d'abbé de Saint-Bénigne. Il fut le trente-neuvième des quatre-vingt-quinze abbés de ce monastère. Saint Eustade en avait été nommé le premier abbé vers 509, par l'évêque Grégoire ; et un évêque de Troyes, Poncet de la Rivière, en fut le dernier abbé, à la fin du XVIIIe siècle.

Le soin le plus empressé du vénérable Guillaume fut de répandre la lumière dans toutes les classes de la société d'alors, par la propagation de l'enseignement. Dans ce but, il établit à Saint-Bénigne des écoles doubles, c'est-à-dire intérieures pour les clercs et extérieures pour les laïques du dehors. Non-seulement elles étaient gratuites pour quiconque s'y présentait, mais on y subvenait aux besoins de tous ceux qui étaient dans l'indigence (1). L'enseignement de *omni re scibili*, d'après la maxime scholastique de ces temps, était en pleine vigueur ; le mélange des classes diverses de la société tendait à les rapprocher ; la grammaire était en grand honneur et façonnait le langage ; la bonne latinité refleurissait (2), ce qui était autant le fruit de sérieuses études que de l'assiduité des grands monastères à reproduire, par de nombreuses copies, les auteurs les plus classiques de l'ancienne Rome.

L'abbé Guillaume avait importé d'Italie en Bourgogne le goût et le savoir en architecture et en musique : c'est pourquoi les écoles de Saint-Bénigne se distinguèrent bientôt par la culture des beaux-arts comme par celle de la grammaire, de la théologie et des mathématiques et autres sciences. On le voit, c'est l'émulation monastique qui a été au XIe siècle l'instrument puissant dont l'Eglise se servait pour faire fructifier la civilisation chrétienne. Elle ne s'arrête point d'ailleurs, malgré les réactions les plus folles, les plus coupables et les plus inconsidérées des époques sans foi.

(1) *Histoire littéraire*, t. VII.
(2) *Ibid.*, p. 75.

Par l'heureuse influence de cet illustre abbé, l'art musical devint florissant à l'abbaye de Saint-Bénigne. Mabillon qualifie Guillaume par cette remarquable épithète: *artificialis* (1) *musicæ perdoctus*, et dit que cet abbé avait voulu, au grand dépit des partisans du chant grégorien, modifier ce mode en vigueur depuis la fin du VIe siècle : en effet, on ne connaissait alors comme signes du chant que les *neumes* ou points ascendants et descendants avec ou sans ligne transversale; or l'abbé Guillaume, qui allait et venait de Bourgogne en Italie, exporta de ce dernier lieu la nouvelle et ingénieuse méthode de la gamme musicale inventée par Gui d'Arezzo (2) et qui ne s'introduisit en France que vers l'année 1026 quand elle était en pleine vigueur à l'abbaye de Dijon.

L'épithète ci-dessus trouve encore son explication dans les institutions dues au même abbé de quantité de cérémonies à l'instar de Rome, et dont les principales revêtaient de splendeur l'abbaye de Saint-Bénigne. Il y avait au trésor de la basilique, une coupe d'or incrustée de diamants donnée à l'abbaye par sainte Cunégonde, épouse de l'empereur d'Allemagne Henri II (3). Cette magnifique coupe servait, ainsi que deux chalumeaux, l'un d'or et l'autre d'argent, à la Table sainte ; car alors les moines communiaient sous les deux espèces.

L'évêque Brunon applaudissait de toute son âme au zèle de l'abbé de Saint-Bénigne pour la prospérité des écoles ecclésiastiques et laïques. Il en fondait lui-même

---

(1) Le moyen-âge avait emprunté aux Grecs la sublime image de l'harmonie des sphères. Ces célestes accords étaient dénommés l'harmonie *naturelle*, à la différence de la théorie humaine des sons, indiqués par le mot *artificialis*.
(Voir dans Cicéron *de Republica*, liv. VI, le Songe de Scipion).
(2) Bénédictin de l'abbaye de Pomposa au duché de Ferrare, né vers 990, mort en 1050.
(3) Décédée en 1040 et canonisée le 3 mars de l'an 1200.

à Langres qui eurent un grand crédit, et préposait aux écoles de Saint-Vorles, à Châtillon-sur-Seine, des chanoines séculiers ayant leur cloître et leur centre d'études adossés à l'église de ce nom. C'est là que se forma plus tard la prodigieuse intelligence du jeune Bernard Tescelin de Fontaine. Aganon, un de ces chanoines (1) est le premier qui ait tracé la vie de saint Vorles, patron de ce charmant sanctuaire de style *roman rustique* édifié par Brunon et terminé en l'année 1010.

L'abbé Papillon, en s'attachant seulement à la forme qui n'est pas entièrement pure, a été injuste pour le fond de cet écrit judicieux, solide, édifiant et plein de candeur (2).

Le vénérable Guillaume s'appliquait à fonder des écoles dans tous les milieux où il rétablissait la discipline; et bientôt sa renommée devint si populaire, qu'il fut appelé à opérer la réforme de quarante monastères dont les principaux furent, après Saint-Bénigne, les abbayes de Vézelay, Bèze, Tonnerre, Saint-Faron de Meaux, Metz, Saint-Amatre près de Langres, Embrun, Melun, Mont-Saint-Michel, Saint-Ouen de Rouen, etc. (3). Enfin il fut vivement sollicité par le duc de Normandie Richard II, de réformer l'abbaye de Fécamp, dont il fit pour la magnificence et la discipline intérieure une émule de Saint-Bénigne de Dijon.

Un des principaux projets conçus par lui fut de reconstruire l'ancienne basilique qui menaçait ruine. Dans cette intention, et comme il était né près de Novare, ville diocésaine de l'archevêché de Verceil, en Italie, et à peu de distance de Bergame, où l'on venait de construire une *basilique circulaire*, il alla la visiter dans l'été de

(1) D'après Mabillon, il vivait encore vers 1020.
(2) Le P. Legrand en a donné une traduction dans son *Histoire de Châtillon*. L'original latin est devenu rarissime. Le président Bouhier en avait un exemplaire qui est peut-être devenu la possession de la bibliothèque publique de Troyes.
(3) *Histoire littéraire*, t. VII.

l'année 996, sous le pontificat de Grégoire V, qui lui fit le plus honorable accueil.

Pendant ce voyage, l'abbé Guillaume activa l'achèvement de son abbaye de Fructuare ou de Volpian, qu'il avait fondée, en 977, dans des possessions de famille, au diocèse d'Ivrée. Il retourna en Italie l'année suivante et y envoya ensuite plusieurs de ses moines de Saint-Bénigne pour surveiller les travaux. Vers 1001, quand la marche de ces travaux fut bien assurée, plusieurs moines artistes, comme il s'en trouvait en grand nombre en Italie, attirés à Dijon par la renommée de l'abbé Guillaume, vinrent lui offrir leur concours pour la réédification de la basilique de Saint-Bénigne : ainsi Paul de Ravenne ; ainsi Joannelinus, aussi de Ravenne, religieux que sa petite taille avait fait qualifier de ce diminutif, et que son mérite éleva plus tard au rang d'abbé de Saint-Bénigne; ainsi Hunald, habile sculpteur, rivalisèrent de zèle et de talents. Alors tous ces moines artistes faisaient de grandes œuvres sans rétribution et par la seule et glorieuse impulsion de l'amour de Dieu; et les populations, animées alors du même esprit, leur prêtaient une généreuse assistance de leur industrie et de leurs bras, et sustentaient même les ouvriers non régnicoles. Tout marchait comme par enchantement, et c'était un bel et édifiant spectacle.

La dédicace de cette importante basilique fut faite le 3 novembre 1016, par l'évêque Lambert, successeur de Brunon au siége épiscopal de Langres. On vit affluer de toutes parts, pour assister à cette solennité, nombre d'évêques et d'abbés et une grande foule de peuple. Le vénérable Guillaume, sollicité par son évêque de prendre la parole devant l'imposante assemblée, improvisa un discours par trop sévère peut-être pour la circonstance; mais de la chaire apostolique on entendait retentir toujours, à cette époque, des paroles d'autorité. En effet, l'abbé de Saint-Bénigne, s'abandonnant à une censure quelque peu âpre des vices de son époque, attaqua particulièrement l'avarice; mais on s'aperçut bien qu'il avait grand intérêt à ne la point ménager en ce moment, car les dépenses, pour ses édifices, avaient été considérables. « Je demande, s'écria-t-il, s'il y a parmi vous dans cette foule immense un seul fidèle qui ait seulement donné cinq pièces d'or pour la reconstruction de cette superbe basilique; je le demande, et, s'il y en a un seul, je le prie de se lever et de parler (1). » — Personne ne bougea, alors l'abbé reprit : « Voyez donc, frères bien aimés, au milieu de quel foyer de ruines morales vient de s'élever cette basilique si élégante dédiée au saint martyr Bénigne. » — L'abbé, cependant, termina son discours par des paroles pleines d'onction, et l'on ne saurait dire, ajoute Raoul Glaber, combien il y avait dans l'église de personnes qui fondaient en larmes et sanglotaient.

En général, la simplicité, le bon sens, la persuasion et la solidité de doctrine distinguent les sermons du vénérable Guillaume, reproduits par son élève Raoul Glaber. Ils sont sobres en étendue, mais pleins de salutaires avis. On a de lui un traité mystique où il paraphrase ces paroles de l'Ecriture sainte : « *Non enim quod volo bonum, hoc ago : sed quod odi malum illud facio* » (saint Paul aux Romains, VII, 15), paroles qui remuaient si fort la consciences du roi Louis XIV. Il y a, dans ce traité huit divisions ou plutôt huit petits paragraphes et un prologue : néanmoins le tout ne ferait pas moitié seulement d'un seul des trois points des longs sermons d'aujourd'hui. Ceux de l'abbé Guillaume sur l'aumône débordent de charité pour le prochain; ils respirent cette sainte maxime qu'il ne faut pas, en assistant le juste, repousser le pécheur, mais le reprendre et le secourir : « *quia peccator est corripe, quia homo est, miserere.* » Ailleurs, opposant le faste et l'orgueil des grands à l'hu-

(1) Raoul Glaber, dans sa vie de l'abbé Guillaume, donne cette verte mercuriale *in extenso*.

milité des pauvres, il montre que ceux-ci sont les préférés de Dieu. Bossuet, sept siècles et demi plus tard, a encore donné du lustre à cette pensée en disant que les pauvres sont les *rois du ciel*.

L'abbé Guillaume est un vrai et illustre précurseur de saint Bernard pour le relief et pour l'autorité des communications directes ou épistolaires soit avec les papes, soit avec les princes séculiers, soit avec des religieux, soit avec de simples particuliers de tous rangs.

Dans une de ses lettres au pape Jean XX, il le reprend de ne pas réprimer avec assez de vigueur la simonie alors trop commune. Ce pape, quoique gourmandé avec énergie dans cette lettre bien pensée et bien écrite, l'accueillit avec la plus grande estime. Une autre lettre, adressée au même Souverain Pontife, est une protestation contre l'intention ambitieuse d'Eustathe, patriarche de Constantinople, de prendre le titre d'*évêque universel*. Cette épitre est si remarquable qu'elle se trouve dans plusieurs recueils et notamment encore dans les *Annales* de Mabillon. — Une lettre à des jeunes gens sur la confession est d'une vive pénétration d'esprit et d'un latin de facile désinvolture. Le même mérite se reproduit dans une autre lettre à des moines sur l'obéissance. Il leur démontre que l'orgueil est le plus grand des vices, parce qu'il n'a rien pour être justifié.

Honoré de la confiance des princes, il les réconciliait entre eux, calmait ou arrêtait leurs dissensions, et par l'onction de sa parole, il consolait le roi Robert de la mort d'un fils dans lequel il avait mis toute son espérance.

Les trois nefs de la basilique romane érigée par l'abbé Guillaume devaient revêtir un très-remarquable ton architectural, à en juger par la gracieuse rotonde ou *sacrum peribolum*, qui en formait le chevet (1), et par le beau

(1) Cette rotonde, qui passait à juste titre pour un chef-d'œuvre d'art, a été décrite par D. Plancher, et en dernier lieu par M. l'abbé

portail occidental encore en partie existant. Huit colonnes à socles byzantins variés, et formant deux groupes à chaque coin de l'arcade romane à plein cintre, ont leurs chapiteaux ornés de roses et de feuilles d'acanthe, d'une incomparable finesse de ciseau; d'autres feuilles d'acanthe s'enroulent aussi avec grâce autour du galbe des fûts. Ce sont là autant de chefs-d'œuvre de l'habile statuaire italien Hunald sans doute, ainsi que huit statues dont nous parlerons tout à l'heure. (Voir le *monasticum Gallicanum* et les dessins de D. Plancher).

La rotonde, dont le type appartenait à l'art architectonique de Ravenne, n'avait de similaire qu'à Bergame en Italie, comme nous l'avons déjà fait remarquer. Cet édifice d'une si rare facture et qui n'a pas survécu aux dévastations du temps et à celle des hommes, avait valu, avons-nous dit, le titre d'art bourguignon à ce sanctuaire et à plusieurs de nos monuments religieux en Bourgogne.

La petite église romane de Châtillon-sur-Seine (Saint-Vorles), érigée par l'évêque Brunon, est de la même époque que la rotonde de l'abbé Guillaume. On voit, en effet, par les dessins de celle-ci un même signe caractéristique dans l'un et l'autre des deux édifices : ce sont les gracieuses arcatures ou arcades romanes simulées qui courent sur leurs faces extérieures.

Le portail occidental du vénérable Guillaume a subi plusieurs vicissitudes. D'abord l'abbé Hugues d'Arc l'a comme encadré dans un porche ou atrium d'architecture ogivale. Une large baie fermée par des portes en chêne armées de ferrures, était couronnée d'un portique roman géminé et flanqué, à chaque coin, des colonnes dont on a parlé, et auxquelles s'adossaient autant

Bougaud, dans son *Etude sur Saint-Bénigne*. Le vénérable Guillaume avait laissé subsister dans la partie inférieure de cette magnifique rotonde plusieurs traces et notamment des piliers d'une construction primitive de l'évêque Grégoire. On les y retrouve encore.

de statues de personnages de grandeur naturelle (1). A un pilier central s'appuyait la statue de saint Bénigne, tenant la palme du martyre et le bâton de pèlerin. Quatre arceaux romans, ornés de figures en relief et représentant les unes des anges louant Dieu, les autres le massacre des Innocents, d'autres enfin toutes sortes de feuillages et d'oiseaux, ont été supprimés et remplacés par un cintre en pierre chargé de rosaces et de franges fort peu élégantes, terminées en tridents. A la place de ces beaux arceaux romans se voit aujourd'hui une architecture à tiers-point, et, dans les intervalles de ses côtés, on a placé un bas-relief en pierre blanche représentant la lapidation de saint Etienne, qui est, indubitablement, un des vestiges de l'abbaye de ce nom. Ce bas-relief a remplacé le beau tympan du Christ entouré des animaux symboliques, et le remarquable fronton représentant la Vierge tenant l'Enfant divin sous toutes les coupoles des temples de la chrétienté, et ayant à sa gauche les Mages guidés par l'étoile, et à sa droite les bergers, l'étable et la crèche. (Dessins de D. Plancher.)

On n'a sans doute pas assez tenu compte des dates en imputant à l'abbé Jarenton l'achèvement de la basilique édifiée par Guillaume. Ce dernier avait quitté la terre depuis quarante-sept ans, lorsque le même Jarenton, d'abord prieur de la *Chaise-Dieu*, devint, en 1078, abbé de Saint-Bénigne, et conserva ce titre jusqu'à sa mort, arrivée en 1112. Cet abbé était renommé pour son bon

(1) Il règne de l'indécision au sujet de deux de ces personnages. On peut consulter là dessus Courtépée, t. II. p. 94, édition in-8°, et M. l'abbé Bougaud, *Etude historique sur Saint-Bénigne*, p. 273. Ce dernier, pour décider contre Robert et Berthe, s'appuie sur le symbolisme chrétien, guide persévérant des artistes aux XIe, XIIe et XIIIe siècles.— Il est toutefois bon de remarquer que l'anathème du pape Grégoire V contre le mariage du roi Robert avec sa parente Berthe, avait profondément ému l'esprit public (998). On alla jusqu'à raconter que la reine Berthe avait mis au monde un enfant qui avait une tête et un col d'oie. Or le pied d'oie d'une des reines du groupe du portail ne serait-il pas un emblème significatif? Nous n'affirmons rien pourtant à cet égard.

goût, et il en fit preuve en ajoutant divers ornements d'architecture à la basilique complétement achevée avant lui. C'est ainsi qu'il fit élever dans la rotonde un monument funéraire et consacrer un autel à Alèthe, dont le corps fut transporté en 1105, à l'abbaye, sur les épaules des moines. Saint Bernard, alors âgé de quatorze ans, suivait le pieux cortége avec ses frères et sœurs et leur père Tescelin. L'abbé Jarenton fit graver sur le tombeau d'Alèthe l'image de ses six fils.

Un an après, en 1106, sous l'abbatiat de ce même Jarenton, eut lieu à Saint-Bénigne une des plus grandes solennités qu'ait vues la cité bourguignonne. En effet, le pape Pascal II, pendant son voyage en France, à l'époque des grands débats entre les souverains au sujet des investitures, s'était arrêté à l'abbaye avec une suite considérable d'évêques, d'abbés et de seigneurs, et il avait voulu consacrer lui-même la basilique romane de l'abbé Guillaume. Une visite de cette importance provoqua de la part de l'abbé Jarenton le soin d'ajouter des ornements artistiques à l'intérieur de cette basilique. En somme, il n'eut point à la terminer, comme nous l'avions cru nous-même, mais il l'orna beaucoup.

En 1137, sous le règne du duc de Bourgogne Hugues II, et le 28 juin, une des plus lugubres dates de nos annales bourguignonnes, un épouvantable incendie consuma presque toute la ville et les faubourgs, en sorte qu'il ne resta au *Castrum* que les vestiges des anciens murs (1). On conçoit d'autant mieux l'universalité de ce ravage du feu que les habitations étaient alors construites en bois et mortier de chaux, dont on aperçoit encore quelques rares *spécimens* dans certains vieux quartiers de la cité dijonnaise. Le très-petit nombre d'édifices construits en appareil de solide maçonnerie purent seuls alors résister au fléau dévastateur. Voici sur ce sujet, sauf l'or-

(1) Præter indicia murorum, intus et extra pene ex toto complanatum. (*Histoire de l'église Saint-Etienne*, p. 111.)

thographe de l'auteur, le lamentable récit de Paradin (1). « Du règne du duc Odes second (2), advint une grande calamité à la noble ville de Dijon, *d'une orvale de feu si merveilleux,* que la ville fut quasi toute explanée et réduite en cendres, et n'y eut ni palais ni église qui en fut exempte : de mode que ce fut pitié estrange de voir le lendemain tous les seigneurs, bourgeois et tout le peuple de la ville n'avoir moyen de se mettre à couvert. »

Ce qu'on appelait le *burgus* où était l'abbaye de Saint-Bénigne, en dehors de l'enceinte du *Castrum*, ne fut pas épargné, tant le foyer d'incendie était intense et tendait à se propager de toutes parts. La basilique de l'abbé Guillaume et sa rotonde avaient été gravement endommagées et durent subir des réparations considérables. Aussi, dix ans après ce lamentable sinistre, c'est-à-dire en 1147, ces saints édifices furent-ils de nouveau consacrés par le pape Eugène III. C'était à l'époque où ce pape, forcé de se retirer de Rome devant la révolte fomentée par l'agitateur Arnaud de Brescia, était venu en France et avait célébré la solennité de Pâques à la cathédrale de Paris. De là, et après s'être arrêté à Dijon, il était allé revoir Clairvaux, son premier asile, où l'abbé de ce principal monastère cistercien, l'avait engendré par l'évangile (3). L'illustre abbé de Clairvaux avait alors cinquante-six ans, et avait, l'année précédente (1146), prêché la deuxième croisade devant une multitude de peuple et une grande affluence de prélats, de seigneurs et de chevaliers, assemblés à Vézelay sur la convocation du roi Louis VII.

Le vénérable Guillaume acheva sa vie comme il l'avait

---

(1) *Annales de Bourgogne,* liv. II, p. 199.
(2) C'est Hugues II et non pas Eudes II qu'il fallait dire. On devra se défier çà et là de l'exactitude de cet annaliste.
(3) Ce sont les propres expressions d'une lettre de saint Bernard à Eugène III.

commencée, c'est-à-dire dans les actes de la plus expansive charité. Un redoutable fléau, la famine, puisqu'il faut l'appeler par son nom, aurait dit, un de nos plus aimables poètes, sévit cruellement sur toute la France pendant trois années, c'est-à-dire de 1030 à 1032. Elle fut le résultat de pluies incessantes qui annulèrent toutes les ressources de la culture. Les denrées alimentaires devinrent d'un prix excessif qui réduisait les indigents à mourir de faim. Les cadavres, jonchant les carrefours et les rues du Castrum malsaines et non encore pavées, attiraient les loups jusque près des demeures et y provoquaient la peste. On lit dans les *Annales de Bourgogne* (1) : « Du temps du duc Robert, fut telle famine et pestilence partout le monde universellement, que l'on ne pouvait quasi satisfaire à enterrer les corps de ceux qui mouraient journellement; d'où il advint que les chiens, qui mangeaient par famine les corps morts, semaient la mortalité plus fort, allant de maison en maison. » — Raoul Glaber dit qu'on présentait à des enfants un œuf ou une pomme afin de les attirer à l'écart et de les immoler pour s'en repaître; on vendit de la chair humaine au marché de Tournus; et, dans la forêt de Châtenai, à trois milles de Mâcon, fut surpris un prétendu ermite dans son *repaire* au milieu de quarante têtes humaines (2).

Alors, pendant l'année calamiteuse de 1030, la dernière de sa vie, le vénérable Guillaume distribuait aux nécessiteux toutes les provisions du monastère en s'abandonnant à la Providence pour la subsistance des moines. Ces ressources ne suffisant pas, le charitable abbé se résigna à y subvenir par la vente de tous les objets de prix garnissant le trésor de l'abbaye : châsses, reliquaires, statues, crucifix, chandeliers d'or et d'argent, couronnes d'or, vases précieux, pierreries de toutes sor-

(1) Paradin, liv. II, p. 156.
(2) Raoul Glaber, liv. IV, ch. IV.

tes enchâssées dans ces divers objets (1). Les plus précieux provenaient soit de l'impératrice Cunégonde et autres souverains, soit du roi Gontran (2) qui affectionnait singulièrement l'abbaye de Saint-Bénigne où il avait établi la psalmodie perpétuelle déjà en usage à l'abbaye Saint-Maurice-d'Agaune, en Valais; et, afin que cette pieuse institution se perpétuât après sa mort, le roi Gontran avait voulu relier à l'abbaye de Saint-Maurice celle de Saint-Bénigne et celle de Saint-Marcel, de Chalon-sur-Saône, sa résidence habituelle. D'après l'intention de ce roi, l'abbé Apollinaire, qui avait alors cette qualité à Saint-Bénigne, fut à la fois considéré comme abbé de Saint-Maurice et de Saint-Marcel ; et, parce que l'abbé titulaire de ces trois monastères faisait de fréquents voyages à Agaune, l'abbaye de Dijon, qui avait déjà reçu de Gontran plusieurs domaines, en acquit de nouveaux sur le parcours de Dijon à Agaune, lesquels servaient de gîtes et d'hôtelleries à l'abbé dans ses pérégrinations abbatiales. Elle possédait de ces domaines en Suisse et en Franche-Comté et particulièrement à Orbe et à Pontarlier. La vieille basilique de Pontarlier était une véritable sœur de l'abbaye de Dijon (3), et elles sont toutes deux placées sous le vocable de Saint-Bénigne.

Par tous ces bienfaits, le roi Gontran, devenu dévot dans sa vieillesse et dont la conscience était dirigée par le vénérable prêtre de Marcenay, saint Vorles, issu lui-même de la famille royale, faisait une sévère pénitence d'antécédents criminels (4) auxquels peu de princes

---

(1) Un des grands tableaux de M. Lécurieux placés au chœur de la cathédrale de Saint-Bénigne met en scène jusqu'aux Juifs qui étaient venus s'enrichir de ces précieuses dépouilles et donner à pleines mains, pour prix de leur achat, des monnaies d'or et d'argent que le vénérable Guillaume et ses moines distribuaient à une foule affamée.
(2) Roi de Bourgogne et d'Orléans, vers 561.
(3) Spicilège d'Achery.
(4) Sa troisième femme, la belle *Austrelgide*, lui avait demandé

échappaient dans ces temps de barbarie et de férocité de mœurs.

On doit bien se représenter le mérite de l'action du vénérable Guillaume dépouillant tout d'un coup sa chère abbaye du lustre et des richesses qui en rehaussaient l'éclatante renommée. Il ne se trouva plus désormais de princes assez riches pour réparer le vide que venait de produire l'expansion d'une charité allant jusqu'à l'immolation des biens les plus précieux aux regards des hommes; mais, hélas! rien de ce qui se recommande le plus à leur admiration n'est durable; ainsi cette église romane érigée par l'abbé Guillaume, et la plus merveilleuse des basiliques de la Gaule, *totius Galliæ basilicis mirabilior*, pour citer textuellement le propre témoignage de Raoul Glaber *(Vita sancti Wilhelmi,* ch. VII), portait la ruine dans ses flancs depuis l'épouvantable incendie de 1137 et malgré des réparations considérables : aussi, dans la nuit du 21 février 1271, la haute tour de pierre qui surmontait le transept s'écroula-t-elle avec un immense fracas et en écrasant sous ses débris tout l'édifice sacré et jusqu'à l'église souterraine. Il ne resta debout que la rotonde et le portail de l'ouest.

Nous avons dit, dans une notice précédente, comment, à la place de cette regrettable église romane, s'éleva la belle et vaste chapelle gothique que nous possédons aujourd'hui sous le titre bien mérité de cathédrale; mais alors elle n'était en effet que la chapelle des moines de l'abbaye de Saint-Bénigne, chapelle grandiose et en rapport avec la splendeur d'un riche monastère qui possédait 27 prieurés (1), 39 cures, des domaines dans plus de trois cents villages, des droits sur les sources et car-

comme une grâce, en mourant, de faire périr ses deux médecins, coupables de ne l'avoir pas guérie, et il eut la faiblesse de lui tenir parole. Les femmes de ce temps-là n'étaient pas exemptes de férocité, témoin les Frédégonde et les Brunehaut, dont Austrelgide était contemporaine.

(1) Courtépée.

rières de sel de Salins, et dont les revenus, au XV° siècle, atteignaient trois cent mille livres (1).

La basilique de Hugues d'Arc fut bâtie par cet abbé à l'époque où l'art gothique allait se modifier, c'est-à-dire dans cette courte période de transition entre l'ogive simple et pure du gothique à lancette et les détails déjà chargés du gothique fleuri.

Commencée en 1280, il n'y avait, huit ans après, d'achevé dans cette basilique que le chœur jusqu'aux deux piliers du transept, et, au fond de ce même chœur, un double escalier conduisait à l'étage souterrain de la rotonde de l'abbé Guillaume (2). Cette partie de l'édifice fut consacrée le 28 avril 1288 par Mgr Jean de Samya, évêque de Spye, coadjuteur de l'évêque de Langres. Il fallut douze ans pour construire le transept et les nefs et pour unir ces nefs au portail occidental du même abbé Guillaume. Tout l'édifice ne fut entièrement achevé qu'en 1308. L'abbé Hugues d'Arc était mort le 12 juin 1300. Cette construction a donc exigé vingt-huit ans de travaux. Des deux tours qui flanquent le portail dont on vient de parler, et qui ont quelque chose de disparate entre elles, celle du nord s'éleva par les soins de Henri d'Arc qui était, vers 1289, chambrier du monastère; et celle du midi est due au moine Jean de Villers, décédé en 1310 (3).

La galerie à claire voie fut construite peu après pour unir les deux tours. Enfin la basilique érigée par Hugues d'Arc fut consacrée en 1398 par l'abbé Alexandre de Montaigu, précédemment abbé de Flavigny.

La flèche qui a plus de cent mètres de hauteur au-dessus du parvis a été achevée en 1742. Elle est l'œuvre de deux habiles charpentiers dijonnais nommés Sauvestre et Linassier.

(1) Maillard de Chamburc. *Dijon ancien et moderne.*
(2) Abbé Bougaud. *Etude historique sur Saint-Bénigne.*
(3) Id. Ibid.

Voici les dernières phases de cette basilique comme chapelle abbatiale :

Les Pères de la congrégation de Saint-Maur s'y établirent comme réformateurs, par autorisation de l'évêque de Langres, le 18 novembre 1651.

A la sollicitation de Mgr d'Apchon, troisième évêque de Dijon depuis la fondation du nouveau diocèse en 1731, le pape Clément XIV unit à l'évêché, par une bulle de l'année 1774, la mense abbatiale de Saint-Bénigne, déjà tombée en commende.

La basilique servit pour l'école du canon pendant la période révolutionnaire. Elle ne fut rendue au culte qu'en 1802, époque où le septième évêque de Dijon, Mgr Reymond, vint occuper la maison abbatiale de Saint-Bénigne et faire de l'ancienne chapelle bénédictine, construite par Hugues d'Arc, la nouvelle cathédrale de Dijon.

Pendant près de treize siècles qu'a duré le célèbre monastère de Saint-Bénigne, il a été un des centres les plus importants de toute l'histoire de la Bourgogne. Cette abbaye réclame donc mieux qu'un simple et laconique exposé d'époques comme l'a donné le *Gallia Christiana*, et il y a lieu, selon nous, de faire un sérieux appel aux plumes studieuses que l'avenir réserve aux grandes traditions de ce pays.

www.ingramcontent.com/pod-product-compliance
Lightning Source LLC
Chambersburg PA
CBHW060912050426
42453CB00010B/1684